Brandon Brown dice la verdad

Cover and Chapter Art by
Robert Matsudaira

by
Carol Gaab

ISBN: 978-1-940408-87-3

Fluency Matters, P.O. Box 11624, Chandler, AZ 85248

info@FluencyMatters.com • FluencyMatters.com

A NOTE TO THE READER

This fictitious novel is based on 75 high-frequency words in Spanish. It contains a *manageable* amount of vocabulary and numerous cognates (words that are similar in two languages), making it an ideal first read for beginning language students.

All vocabulary is listed in the glossary at the back of the book. Keep in mind that many words are listed in the glossary more than once, as most appear throughout the book in various forms and tenses. (Ex.: I go, he goes, let's go, etc.) Vocabulary that would be considered beyond a 'novice-low' level is footnoted within the text, and their meanings given at the bottom of the page where each occurs.

The opinions and events in this story do not reflect or represent the opinions or beliefs of Fluency Matters. This novel is intended for educational entertainment only. We hope you enjoy reading it!

Índice

Capítulo 1
Acciones deshonestas

«Braaandon», llama la mamá de Brandon. Brandon está en el sofá. Está muy contento. Está contento porque juega 'Carros' en el celular de su mamá. ¡'Carros' es su juego favorito! 'Carros es una aplicación en el celular de su mamá. ¡'Carros' es su aplicación favorita!

1

Brandon juega 'Carros' en el celular y no escucha a su mamá. El juego requiere su atención y Brandon se concentra en el juego. *«Braaandon»*, repite su mamá. *«¡¿Tienes mi celular?!»*. Brandon no escucha a su mamá. Continúa jugando 'Carros'. *«¡Braaandon!»*, repite su mamá irritada.

En ese momento, Brandon la escucha, pero ¡la ignora! ¡Continúa jugando 'Carros'! *«¡Braaandon!»*, llama la mamá de Brandon muy irritada. *«¡¿Me escuchas?!»*. Brandon la escucha, pero otra vez, la ignora. No le responde. ¡Continúa jugando!

Brandon continúa jugando por dos minutos y en ese momento, escucha que su mamá viene. Escucha que ¡viene rápido! Brandon reacciona inmediatamente. ¡Reacciona con pánico! Brandon tira el celular. Lo tira y se escucha un «¡CRAC!».

En ese momento, la mamá de Brandon entra, no está contenta. Con voz irritada, le dice a Brandon:

— Brandon, ¿tienes mi celular?

— No, mamá —le responde Brandon inocentemente.

En ese momento, Brandon escucha un
«*bip*» del celular. «*Ay, ay, ay ¡Qué problema!*», piensa Brandon nervioso.

    – ¿Brandon, tienes mi celular? ¿Estás
      jugando 'Carros'? –le pregunta su
      mamá irritada.

    – No, mamá –le responde Brandon
      nervioso.

Brandon tiene dos problemas: 1) No le está permitido jugar en el celular de su mamá. 2) No le dice la verdad a su mamá. Brandon escucha el «*bip*» otra vez, pero en ese instante, escucha la voz de su hermana, Katie. «*Mamáaa*», llama su hermana.

«¿Mi mamá escuchó el «bip» o escuchó la voz de Katie?», piensa Brandon nervioso.

La mamá de Brandon no menciona el *«bip»* y no continúa la conversación. ¡Ella abandona la conversación completamente! *«¡Excelente!»*, piensa Brandon. *«Mi mamá no escuchó el «bip». ¡Qué afortunado[1]!»*.

[1] *¡Qué afortunado!* - How fortunate!

Capítulo 2
¡Qué problema!

Cuando la mamá de Brandon se va, él reacciona inmediatamente. ¡Es urgente! Brandon agarra el celular. Lo agarra lo más rápido posible, pero ¡es difícil agarrarlo! Cuando finalmente lo agarra, mira el celu-

lar con horror. ¡El celular está roto[1]! *«¡Qué problema!»*, exclama Brandon con pánico.

En ese momento, Brandon escucha que su hermana Katie viene. ¡Brandon reacciona con pánico! Otra vez, Brandon tira el celular y escucha otro «¡CRAC!». Katie entra y agarra el control remoto para mirar

[1]*roto - broken*

10

'Decir la verdad'. 'Decir la verdad' es un juego y es el programa favorito de Brandon. «¡Excelente!», exclama Brandon contento. Brandon se imagina que es un participante en el programa. Escucha las preguntas y responde con entusiasmo.

–¡Brandon, tú eres ridículo! –le dice Katie irritada.

–¡Soy inteligente! –le responde Brandon contento.

–¡Tienes la inteligencia de un insecto! –le dice Katie insultándolo.

Brandon nota que Katie tiene un Jolly
Rancher® y le pregunta con voz de ángel:

– Katie, ¿tienes un Jolly Rancher®
para mí?

– No.

– Oooo…. Porfis[2] –le dice Brandon
desesperado[3].

---

[2]*Porfis - pretty please (childish way to say 'please'.)*
[3]*desesperado - desperate (without hope)*

–¡No! –le responde Katie irritada–, y rápidamente, se escapa a su dormitorio.

Brandon mira a Katie y mira el sofá. ¡Mira un Jolly Rancher en el sofá! Brandon llama a Katie: «*¿Kaaatiiie?*», pero Katie no le responde. Brandon mira el Jolly Rancher y piensa: «*¡Rojo!...el rojo es mi color favorito*». Brandon llama a Katie otra vez pero Katie no le responde. Impaciente, Brandon piensa: *«1, 2, 3... si no me responde otra vez...»*.

Brandon agarra el Jolly Rancher® y exclama: *«¡Mmm, mmm, mmm! ¡Delicioso!»*.

Brandon está contento y continúa mirando la televisión. Juega *'Decir la Verdad'* y escucha al director del juego: *«¡Atención! ¡Tú tienes una oportunidad de ganar[4]*

---

[4]*ganar - to win*

unas vacaciones a Disneylandia! Solo necesitas un celular para participar».

«¡Disneylandia!», exclama Brandon. «¡Fantástico!». El Director continúa y Brandon escucha atentamente: «'Decir la Verdad' organizó una competencia especial. Es una competencia para promocionar la honestidad. Es una competencia de textos, textos que comunican la honestidad de una persona especial. ¡Una persona ho-

nesta va a ganar... ¡Rápido! Agarra tu celular y ¡participa! El número es 555-555-5555. Otra vez, el número es: 555-555-5555». «¡Uau!», exclama Brandon con entusiasmo. *«Yo soy honesto. Voy a participar. ¡Voy a ganar!».*

Brandon necesita el celular de su mamá. Rápidamente, agarra el celular y escucha la voz de su hermana: *«Braaandon».* Brandon la ignora y repite el número: *«555-555-5555, 555-555-5555».* En

ese momento, escucha que su hermana viene. ¡Qué problema!

–Braaandon –le dice Katie irritada–, ¡¿Tú tienes mi Jol...?!

Entonces Katie mira a Brandon y nota que Brandon tiene un objeto detrás[5] del sofá. Con pánico, Brandon tira el celular. Lo tira y entonces mira directamente a Katie.

Katie observa a Brandon y no está con-

---

[5]detrás - behind

tenta. ¡Está furiosa! Ella le dice a Brandon:

– Brandon, es obvio lo que tú tienes detrás del sofá.

Entonces, con voz furiosa, Katie llama a su mamá: *«¡Mamáaaa!»*. *«¡Ay, ay ay!»*, piensa Brandon. *«¡Qué problema!»*, Brandon se imagina las consecuencias de usar el celular de su mamá y está nervioso. También se imagina las consecuencias de tirar el celular y de no decirle la verdad a su mamá. ¡Está muy, muy nervioso!

Capítulo 3
La evidencia

La mamá de Brandon y Katie escucha el argumento y viene para investigar la situación. Ella no está contenta.

—¡¿Qué pasa?! —exclama su mamá irritada.

Katie responde inmediatamente:

– Brandon robó...

– ¡Katie! –interrumpe Brandon con voz de pánico–, no lo robé. No lo tengo.

Brandon está muy nervioso. Piensa que Katie va a decirle a su mamá que él tiene su celular. Se imagina las terribles consecuencias.

– ¡Brandon, no juegues al inocente[1]! –le responde

[1]*no juegues al inocente - don't play innocent*

Katie impacientemente–. ¡Es obvio que me robaste mi Jolly Rancher®!

–¿Tu Jolly Rancher®? –le responde Brandon sorprendido.

– Sí, mi Jolly Rancher® –le dice Katie irritada.

La mamá de Brandon mira a Brandon y le pregunta:

– Brandon, ¿tienes el Jolly Rancher® de Katie?

– No. –responde Brandon.

En ese momento, su mamá

nota que la boca[2] de Brandon está muy roja. Mira la boca y le pregunta a Katie:

– Katie, ¿de qué color es tu Jolly Rancher®?

– Es rojo.

–¡Braaandon! –le dice su mamá furiosa–. ¡No me dijiste la verdad! Es obvio que tú robaste el Jolly Rancher® de Katie. Tu boca está roja.

– Pero, mamá...me preguntaste si tengo el Jolly. No lo tengo. Es la verdad –le dice Brandon inocentemente.

–Voy a llamar a tu papá y él no va a

[2]boca - mouth

estar contento, Brandon. Tus acciones son muy deshonestas –le dice
su mamá con un tono serio.

Entonces, su mamá se va para llamar al
papá de Brandon.

Katie mira a Brandon con disgusto. Ella
le dice: *«Brandon, tú eres una persona
muy deshonesta»* y entonces también se
va.

Brandon realmente no las escucha. Piensa en la competencia. Piensa en ganar unas vacaciones a Disneylandia. Y piensa en el celular de su mamá. ¡Brandon necesita el celular! Necesita escribir un texto fantástico para ganar la competencia.

Brandon agarra el celular y lo mira con horror. «*Ay, ay, ay*», exclama Brandon. ¡El

teléfono no solo está roto, ¡está destrozado[3]! ¡Brandon no está contento! «¿¿Funciona el celular?!», se pregunta Brandon.

En ese momento, Brandon escucha la
voz de su papá: «Holaaaaa». «Hola,
papá», le dice Katie a su papá. Entonces,
Brandon escucha a su mamá decirle a su

---

[3]destrozado - destroyed (shattered)

papá: *«Brandon está en el sofá»*. Brandon escucha que su papá viene y otra vez, tira el celular roto detrás del sofá.

Capítulo 4
Una lección de honestidad

«Braaandon…», lo llama su papá con un tono serio. *«¡Uf!»*, dice Brandon nervioso. Es obvio que su papá no está contento. Su papá entra y le dice:

– Brandon, tu mamá me dijo que robaste el Jolly de Katie y entonces

no le dijiste la verdad a tu mamá.
¿Es verdad?

Brandon no escucha a su papá. Piensa en la competencia y en el celular roto de su mamá. *«¿Funciona el celular?»*, se pregunta Brandon. Entonces, repite el número de teléfono: 555-555-5555...

—¡BRANDON! —exclama su papá irritado—, ¡Escúchame!

Brandon mira a su papá y lo escucha.

–Brandon, es muy importante decir la verdad. Escucha…tengo una historia que ilustra la importancia de decir la verdad:

Había una familia. En la familia había una mamá, un papá, un hermano y una hermana. El hermano se llamaba Landon. La familia de Landon tenía un rancho. En el rancho, había muchos animales y Landon tenía la responsabi-

lidad de proteger a los animales. Landon tenía una actitud negativa... Él prefería jugar con los animales, no proteger a los animales.

Un día, Landon jugaba con los animales e inventó un juego que se llamaba 'León, León'. Landon llamó a la familia: *«¡Un león, un león! ¡Hay un león!»*, pero no era la verdad.

¡Un león!

La familia lo escuchó y reaccionó inmediatamente. Su papá fue[1] rápidamente a salvar a los animales, pero no

[1]fue - (he) went

había un león. Su papá le preguntó: «¿Dónde está el león?».
Landon le respondió: «No hay un león. Solo es un juego». Su papá irritado, le dijo: «Tu juego es deshonesto. ¡Es muy importante decir la verdad!».

Otro día, Landon decidió jugar otra vez. Llamó a su familia: «¡Un león, un león! ¡Hay un león!». Inmediatamente, su papá reaccionó y fue a salvar a los animales. Pero otra vez, no había un león.

Su papá le preguntó: «¿Dónde está el león?» y Landon le respondió: «No hay

un león. *Solo es un juego».*

Su papá estaba furioso y le dijo: *«Tu juego es horrible. ¡Es muy importante decir la verdad!».*

Otro día, Landon jugaba con los animales y un león los atacó. Landon llamó a la familia: *«¡Papá, mamá! ¡Un león, un león! ¡Hay un león!».* Pero la familia de Landon no reaccionó.

Landon los llamó otra vez: *«¡Un*

¡Un león!

león está atacando a los animales!», pero la familia de Landon no reaccionó. No le respondió porque Landon tenía el hábito de no decir la verdad. Su papá comentó: «*Landon no dice la verdad. ¡Ignórenlo!*». Y la familia ignoró a Landon.

Al final, el león atacó a los animales y ¡atacó a Landon! La familia no fue a salvarlos porque Brandon...aaa...Landon no era honesto. Tenía el hábito de no decir la verdad.

Brandon escucha a su papá, pero realmente piensa en ganar la competencia. Y al final de la historia, se le ocurre una idea brillante...¡el texto perfecto!

Capítulo 5
Evidencia o acusaciones

El papá de Brandon continúa la lección de honestidad:

– Brandon, hay consecuencias por no decir la verdad.

Brandon escucha impacientemente a su papá. Piensa en la competencia y piensa en su idea para el texto. El papá de

Brandon nota su impaciencia, pero continúa la conversación.

Finalmente, la mamá de Brandon,

llama a la familia:
«Vamos a comer».

«Ay, no», piensa
Brandon irritado,
*«¡Necesito escribir mi
texto para entrar en la
competencia!»*. Bran-
don va a comer, pero
prefiere escribir un
texto, y no comer

con la familia.

Brandon piensa en la competencia y
come en silencio. No participa en la conversación inmediatamente, pero cuando
su mamá menciona su celular, Brandon escucha.

– Ben, ¿tienes mi celular? –le pregunta su mamá a su papá.

– No –le responde su papá curioso.

– Es muy misterioso, –comenta su mamá con un tono serio–, pienso que me robaron el celular.

Katie mira a Brandon y con un tono acusatorio[1] exclama:

–¡Exacto! Es obvio que ¡Brandon lo robó!

[1]acusatorio - accusastory (accusing)

Brandon está nervioso. Se pregunta: «*¿Katie notó que tenía el celular de mamá? ¿Es posible?*». Brandon se defiende pero Katie no lo escucha. Con un tono hostil[2], ella continúa acusando a Brandon:

– Brandon es el responsable del robo... Él es un experto en robar –dice Katie con un tono cruel.

– Yo no robé el celular –dice Brandon nervioso.

[2]*hostil - hostile (harsh, unfriendly, aggressive)*

– Brandon, tú eres un experto en robar y en no decir la verdad. Eres muy deshonesto –le dice Katie furiosa–.

«¡Ay, ay, ay!», piensa Brandon nervioso. «No decir la verdad causa muchos problemas. En el futuro... después[3] de la competencia...voy a decir la verdad».

[3]después - after

Después de comer, Brandon y Katie miran la televisión. Miran su canal favorito: NatGeo Wild. Miran un programa de leones. En el programa, los leones se comen a un antílope.

> – ¡Uf! –comenta Brandon–, ¡Los leones son muy violentos!

> – No son violentos, son inteligentes –dice Katie.

> –¡Pero los leones se comen a otros animales! –exclama Brandon sor-

prendido.

– Comerse a otros animales no es violento. Es natural –le responde Katie y con un tono cruel continúa–. Y también hay consecuencias naturales para los hermanos que tienen el hábito de no decir la verdad.

Brandon piensa en la historia de Landon. Piensa en el león que se comió a Landon y piensa en los leones en la televisión.

También piensa en el comentario de Katie: «*Hay consecuencias naturales para los hermanos que tienen el hábito de no decir la verdad*».

B r a n d o n está muy nervioso. Piensa en el celular roto y en las consecuencias por no decir la verdad. Se pregunta:  «*¿Realmente es obvio que robé el celular? ¿El celular funciona? ¿Voy a tener consecuencias horribles?*». También piensa en la competencia: «*¡Necesito participar en la competencia! Necesito escribir el texto perfecto*».

Capítulo 6
El texto

A las 6 de la mañana (6:00 a.m.), Brandon está en su dormitorio pensando en la competencia. *«Necesito el celular de mamá»*, piensa Brandon nervioso. Brandon decide que es el momento perfecto para escribir su texto y va al sofá silenciosamente.

El celular está detrás del sofá y es difícil agarrarlo. *«¡Uy!»*, dice Brandon con frustración. Brandon intenta[1] agarrar el celular, pero no lo agarra silenciosamente.

«¡PUM, PUM, SAZ!» ¡Qué conmoción! ¡Qué problema!

La mamá de Brandon está en su dormitorio y escucha la conmoción. Ella piensa: *«¡¿Qué pasa?!»* y decide investigar.

[1]*intenta - he intends (tries)*

44

Brandon escucha que su mamá viene y con pánico, se tira[2] detrás del sofá. Brandon está muy, muy nervioso. Escucha en silencio cuando su mamá entra. Su mamá está confundida. Mira el sofá y mira la televisión, pero no observa nada. No nota nada inusual. Después de un minuto, su mamá no investiga más y se va a su dor-

[2]se tira - he throws himself

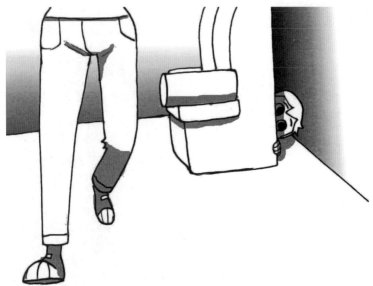

mitorio.

«*¡Uf!*», dice Brandon nervioso. «*Mi mamá se va...¡Qué afortunado!*». Brandon agarra el celular roto y lo inspecciona. Nota que el celular funciona y está muy contento. «*¡Excelente!*», exclama Brandon. «*¡El celular funciona!*».

Brandon inicia la aplicación de textos para escribir un texto fantástico, pero tiene un problema...Es difícil para Brandon escribir un texto porque él solo se graduó del Kínder[3]. No tiene mucha experiencia escribiendo mensajes de texto.

Brandon piensa en una solución y después de unos minutos, se le ocurre una brillante idea: Usar 'voz a texto'. *«¡Yo soy inteligente!»*, se dice Brandon contento. *«¡Voy a usar 'voz a texto'! Voy a decir mi mensaje de texto en el micrófono.»*, piensa Brandon.

[3]*solo se graduó del Kinder - he only graduated from kindergarten*

Brandon practica su mensaje: *«Brandon es honesto»*. Con mucha satisfacción, Brandon se prepara para decir su mensaje en el micrófono. Escucha el *«bip»* del micrófono y dice su mensaje con mucho entusiasmo:

«Brandon es honesto», ¡pero resulta en un mensaje incorrecto! El mensaje dice: *«Bran-*

48

don deshones-
to».

B r a n d o n
mira el mensaje
y lo pronuncia
con dificultad:
«Braaan...don...
dees...ho...
neees...to».
Brandon   está

confundido y repite el mensaje: *«Bran-don*
des-ho-nes-to...¡¿DESHONESTO?!»,   exclama Brandon con horror. *«¡Ay, ay, ay!»*.

Brandon elimina el texto y otra vez,
dice el mensaje en el micrófono: *«Brandon*
es honesto». Otra vez, resulta un mensaje
incorrecto. ¡Qué problema! ¡Brandon está
irritado! Él elimina el texto y con pronunciación exagerada, repite el texto...¡en voz

alta[4]!: «*¡BRAN-DON ES HO-NESTO!*».

La mamá de Brandon lo escucha y va rápidamente para investigar la situación. Brandon escucha que su mamá viene: «*tap, tap, tap, tap*». Escucha que viene ¡rápido! Con pánico, Brandon tira el celular debajo del[5] sofá.

---

[4]*en voz alta - with a loud voice; outloud*
[5]*debajo del - under(neath) the*

50

Su mamá entra y mira detrás del sofá. Observa a Brandon e irritada, le pregunta:

– Brandon, ¿Por qué estás detrás del sofá?

Nervioso, Brandon le responde:

– Aaa...Estoy jugando.

–¿Me dices la verdad?

– Sí –le responde Brandon deshonestamente.

– Y por qué estás jugando detrás del sofá a las 6:15 de la mañana?

– Aaaaahhh...hmmm.... –le responde Brandon.

Impaciente, su mamá exclama:

– ¡A tu dormitorio, rápido!

Brandon se va rápidamente a su dormitorio. Entra y piensa: *«¡Necesito escribir el texto!»*.

Capítulo 7
Atrapado

A las 8 de la mañana, Brandon está en su dormitorio pensando en la competencia. *«¡Es urgente! Necesito escribir el texto.»*, se dice Brandon. Brandon escucha a su familia. Escucha que su hermana y su mamá están comiendo cereal. Brandon decide que es el momento perfecto para escribir el texto. Brandon va silenciosamente al sofá. El celular está debajo del sofá y Brandon lo agarra rápidamente.

Otra vez, Brandon intenta escribir un texto. Prepara el micrófono y cuando escucha el «*bip*», Brandon dice su mensaje con pronunciación exagerada: «*Brandon es honesto*».

Otra vez, resulta un mensaje incorrecto: *«Bran no es honesto»*. Brandon piensa: *«¿Es posible que el micrófono detecte a una persona deshonesta?»*.

Frustrado con la situación, Brandon elimina el mensaje y decide escribir otro mensaje. Entonces, él dice en el micrófono: *«Brandon dice la–»*. En ese momento, un *«ding dong»* interrumpe el mensaje. ¡Brandon está irritado! Exclama: *«¡Ay, ay ay! Necesito escribir el texto»*.

Brandon investiga el *«ding dong»* y escucha que es la amiga de su hermana. «*Hola, Laura*», le dice su hermana a su amiga. «*Hola, Katie*», le responde su amiga. «*Vamos a jugar videojuegos*», le dice Laura con entusiasmo.

Entonces, Brandon escucha que Katie y Laura vienen. Brandon abandona el texto y rápidamente, tira el celular debajo del sofá.

Katie y Laura entran y juegan videojue-

gos. ¡Brandon no está contento! Impaciente, Brandon las mira jugar.

Después de unos minutos, Brandon les dice: «¿*Por qué no juegan al fútbol?*». Pero Katie y Laura ignoran a Brandon y continúan jugando videojuegos. Después de unos minutos más, Brandon les dice: «¿*Por qué no juegan con Legos®?*». Irritada, Katie le dice a Laura: «*¡Uy! Mi hermano es irri-*

tante! Vamos a mi dormitorio para escaparnos de él. Vamos a jugar en mi dormitorio». Irritadas, las dos se van al dormitorio de Katie.

Brandon está contento. Mira debajo del sofá y agarra el celular roto. Entonces, Brandon mira el mensaje de texto incompleto: *«Brandon dice la...»* y piensa: *«Solo necesito completar el mensaje».* Muy ner-

vioso, Brandon dice *«verdad»* en el micrófono, pero en ese momento, Laura entra.
Con pánico, Brandon tira el celular debajo
del sofá. Laura mira a Brandon y está con-

[1] *raro - rare (strange, weird)*

fundida. Ella le dice: *«Tú eres muy raro[1]»*. Entonces, Laura agarra su chaqueta y se va.

Brandon está muy nervioso y se pregunta: *«¿Laura va a decirle a Katie que yo tengo el celular de mi mamá?»*. Piensa: *«No decir la verdad causa mucho estrés. ¡Causa muchos problemas!»*.

Capítulo 8
El número incorrecto

Brandon está muy estresado. Piensa: «*No decirle la verdad a mi mamá fue[1] un error terrible*». Brandon se imagina las consecuencias de no decirle la verdad.

[1]*fue - (it) was*

También se imagina las consecuencias de destrozar[2] el celular de su mamá. Brandon decide que en el futuro...después de ganar la competencia...él va a decir la verdad.

Brandon mira el celular roto y exclama: «*¡Ay, ay, ay! Es el 23 de julio.*». Brandon nota que ¡son las 9:58 de la mañana! ¡Solamente tiene dos minutos para participar en la competencia! Necesita entrar en la

competencia inmediatamente. ¡Es urgente!

Brandon examina el mensaje de texto. Él repite el mensaje en voz alta: «*Brandon dice la*

[2]*destrozar - destroy(ing) (shattering, breaking)*

verdad». Él está a punto de finalizar el texto para participar en la competencia, pero está confundido. El celular dice que su papá, Ben Brown, es el que va a recibir el texto. *«¡Ay, ay, ay! ¡Qué problema!»*, exclama Brandon con pánico. *«¡Yo no entré el número de la competencia! Es el número incorrecto. ¡Es el número de mi papá!»*. Rápidamente, Brandon elimina el texto. Entonces, entra el número

de la competencia: 555-555-5555 y prepara el micrófono. Cuando escucha el

«*bip*» del micrófono, dice en voz alta: «*Brandon es muy muy honesto*».

Brandon examina el mensaje de texto. El texto dice: «*Brandon es muy, muy honesto*». Entonces, Brandon mira el número: 555-555-5555. Es correcto. Brandon lo mira con mucha satisfacción. Finalmente, «*¡Zas!*»...El texto se va. Finalmente, ¡Brandon entra en la competencia!

Capítulo 9
El ganador[1]

Brandon mira la televisión. Mira 'Decir la Verdad' y ¡está muy emocionado! Es el final de la competencia y el director del juego va a anunciar[2] al ganador de la com-

[1]ganador - winner
[2]anunciar - to announce

petencia.

«En dos minutos, vamos a anunciar el ganador de la competencia», dice el director con mucho entusiasmo. Brandon lo escucha y está muy emocionado. En ese momento, Katie entra y mira a Brandon. Nota que Brandon está muy emocionado.

– Brandon, tú eres ridículo –le dice Katie irritada–. Ni siquiera[3] eres un participante en la competencia.

[3]*ni siquiera - not even (You're not even a participant.)*

– Sí, soy participante –le responde Brandon emocionado.

– Ni siquiera tienes un celular. ¿Cómo es posible participar si no tienes un celular? –le pregunta Katie.

Brandon ignora a Katie, porque en ese momento, el director de 'Decir la Verdad' dice con entusiasmo: *«¡Es el 23 de julio, el día de anunciar al ganador de la competencia! Las instrucciones son importantes. Escuchen...».*

Brandon escucha atentamente y el

director continúa: «*Voy a repetir el mensaje del texto de la persona que gane. Si escuchas tu mensaje, llama inmediatamente desde[4] tu celular. Necesitas llamarnos desde tu celular para confirmar que tú eres el ganador verdadero[5]. El ganador tiene dos minutos para llamar*».

Para Brandon, es imposible contener

[4]*desde - from*
[5]*verdadero - true (real, actual)*

su emoción. ¡Está súper emocionado! Katie lo observa con confusión. Ella se pregunta: *«¿Brandon realmente es un participante en la competencia? ¿Es posible?».*

El director continúa: *«Ok, es el momento de anunciar el ganador de las vacaciones a Disneylandia... Escuchen, voy a repetir el texto: "Brandon es muy, muy honesto"».*

Brandon escucha su texto y ¡está muy, MUY emocionado! No es posible contener su entusiasmo. Exclama: *«¡Yupi, yupi! ¡Soy el ganador, soy el ganador!»*. Katie lo mira y ¡está muy sorprendida! Ella exclama impacientemente:

– Brandon, ¡llama! ¡Llama al programa! Solo tienes dos minutos para llamar.

Lo más rápido posible, Brandon agarra el celular que está debajo del sofá. Intenta llamar a 'Decir la Verdad', pero hay un problema. Intenta llamar otra vez, pero

¡el celular no funciona! Brandon inspecciona el celular y desesperado, le dice a Katie:

–¡El celular no funciona!

Katie agarra el celular y lo examina. Nota que el celular está roto y exclama:

–¡El celular está destrozado!

– No está destrozado, ¡es la batería! Se necesita cargar –le responde Brandon desesperadamente[6].

El director del programa exclama: «*Solo tienes 10 segundos para llamar, 10 segundos para confirmar que tú eres el ganador. 10, 9, 8, 7, 6, 5, 4...*». Es obvio que es imposible ganar las vacaciones. «*Ok*», dice el director, «*Vamos a seleccionar a otro ga-*

[6]desesperadamente - *desperately*

nador». «¡Nooooo!», exclama Brandon frustrado. *«Waa waa waaa»* Brandon está muy desilusionado[7].

Katie también está desilusionada. Ella mira a Brandon con disgusto y llama a su mamá. Brandon se imagina las consecuencias de sus acciones deshonestas. Piensa: *«En el futuro, voy a decir la verdad. ¡No*

[7]*desilusionado - disillusioned (disappointed)*

decir la verdad causa muchos proble-mas!».

Capítulo 10
La verdad

– Mamáaaa –llama Katie con voz
cruel–, Brandon tiene tu celular.
Su mamá entra y Katie continúa:
– Brandon robó tu celular. Lo robó y
entró en una competencia de
'Decir la Verdad.' Ganó la compe-

tencia pero no fue posible llamar
para confirmarlo porque...

Katie le explica la situación a su mamá.
Su mamá escucha la historia y mira su celular roto. ¡Ella no está nada contenta!
Brandon está muy triste y la escucha en silencio. Se imagina las consecuencias de
sus acciones deshonestas y se defiende:

– Pero mamá... –le dice Brandon
con voz triste–, yo no tenía tu celular. Tu celular estaba debajo del

sofá. Yo no lo robé.

– Brandon, dime la verdad –le dice
su mamá con voz firme.

– Es la verdad, mamá –dice Brandon
con voz triste–. Tu celular estaba
debajo del sofá.

–¡No juegues al inocente! –exclama
Katie irritada.

Brandon está nervioso. Él considera
confesar sus acciones deshonestas, pero

decide continuar con su versión de la historia:

– Yo noté que el celular estaba debajo del sofá. Agarré el celular y escribí el texto para entrar en la competencia. Después de ganar la competencia, yo tenía planes de decirte que tu celular estaba debajo del sofá.

Brandon explica las circunstancias completamente. Es obvio que él está muy triste. Su mamá escucha y nota que Brandon está muy desilusionado y muy triste. Su mamá decide aceptar su explicación. Ella agarra su celular y nota que está roto. No está contenta, pero no dice nada. En silencio, se va para cargarlo.

Brandon está triste, pero también está contento. Su mamá acepta su explicación y ¡no hay consecuencias de sus acciones deshonestas! Brandon piensa: *«En el futuro, voy a decir la verdad. No decir la verdad causa muchos problemas»*.

Después de unos minutos, el celular está cargado. La mamá de Brandon lo inspecciona y observa que Brandon escribió el mensaje de texto a las 10 de la mañana, el 23 de julio. Pero también observa que el 21 de julio, Brandon jugó 'Carros'. ¡Jugó 'Carros' durante 22 minutos!

Furiosa, la mamá de Brandon exclama: *«¡Braaaaandon!»*. Brandon escucha la voz de su mamá y se imagina las

21 de julio
Tiempo: 22 min

terribles consecuencias. Piensa: *«Es muy importante decir la verdad»*.

El fin

Glosario

abandona - s/he abandons

acciones - actions

acepta - s/he accepts

aceptar - to accept

actitud - attitude

acusaciones - accusations

acusando - accusing

acusatorio - accusatory

afortunado - fortunate

agarré - I grabbed, took

agarra - s/he gabs, takes

agarrar - to grab

agarrarlo - to grab it

al - to the

amiga - (female) friend

animales - animals

antílope - antelope

anunciar - to announce

aplicación - app, application

argumento - argument

atacó - s/he attacked

atacando - attacking

atención - attention

atentamente - attentively

atrapado - trapped

ay - oh

batería - battery

bip - beep

boca - mouth

brillante - brilliant

canal - channel

capítulo - chapter

cargado - charged

cargar - to charge

cargarlo - to charge it

carros - cars

causa - s/he, it causes

celular - cellular

cereal - cereal

chaqueta - jacket

circunstancias - circumstances

cómo - how

color - color

come - s/he eats

comen - they, you *(plural)* eat

comentó - s/he commented

comenta - s/he comments

comentario - comment

comer - to eat

comerse - to eat it up

comió - s/he ate

comiendo - eating

competencia - competition

completamente - completely

completar - to complete

comunican - they communicate

con - with

concentra - s/he concentrates

confesar - to confess

confirmar - to confirm

confirmarlo - to confirm it

confundida - confused *(feminine)*

confundido - confused *(masculine)*

confusión - confusion

conmoción - commotion

consecuencias - consequences

considera - s/he considers

contener - to contain

contenta - content; happy *(feminine)*

contento - content; happy *(masculine)*

continúa - s/he continues

continúan - they continue

continuar - to continue

control - control

conversación - conversation

correcto - correct, right

crac - crack

cruel - cruel

cuando - when

curioso - curious

día - day

de - of; from

debajo - under(neath)

decide - s/he decides

decidió - s/he decided

decir - to say; to tell

decirle - to say to him/her, to tell (to) him/her

Glosario

decirte - to say to you; to tell (to) you

(se) defiende - s/he defends him/her-self

del - of the; from the

delicioso - delicious

desde - from (a location)

desesperadamente - desperately

desesperado - desperate

deshonesta(s) - dishonest *(feminine)*

deshonestamente - dishonestly

deshonesto - dishonest *(masculine)*

desilusionada - disillusioned; disappointed *(feminine)*

desilusionado - disillusioned; disappointed *(masculine)*

después - after

destrozado - destroyed; shattered

destrozar - to destroy; to shatter

detecte - s/he, it detects

detrás - after

dice - s/he says; s/he tells

dices - you say; you tell

difícil - difficult

dificultad - difficulty

dijiste - you said; you told

dijo - s/he said; s/he told

dime - tell me

directamente - directly

director - director

disgusto - disgust

Disneylandia - Disneyland

dónde - where

dormitorio - dormitory; bedroom

dos - two

durante - during

e - and (used before a word the starts with 'e' sound)

el - the

elimina - s/he eliminates; s/he deletes

ella - she

emoción - emotion

emocionado - with emotion, excited

en - in

entonces - then

entré - I entered

entró - s/he entered

entra - s/he enters

entran - they enter

entrar - to enter

entusiasmo - enthusiasm

era - s/he, it was

eres - you are

error - error

es - s/he, it is

(se) escapa - s/he escapes

escaparnos - to escape (we/us)

escúchame - listen to me

escribí - I wrote

escribió - s/he wrote

escribiendo - writing

escribir - to write

escuchó - s/he listened

escucha - s/he listens

escuchas - you listen

escuchen - they listen

(en) ese momento - at that moment

especial - special

está - s/he is

estaba - s/he, I was;

estar - to be

están - they are

estoy - I am

estresado - stressed

estrés - stress

estás - you are

evidencia - evidence

exacto - exact

exagerada - exaggerated

examina - examine

excelente - excellent

exclama - s/he exclaims

experiencia - experience

experto - expert

explica - s/he explains

explicación - explanation

familia - family

fantástico - fantastic

favorita - favorite *(feminine)*

favorito - favorite *(masculine)*

final - final; end

finalizar - to finalize

finalmente - finally

firme - firm

frustración - frustration

frustrado - frustrated

fútbol - foot ball (soccer)

fue - s/he went; s/he , it was

funciona - s/he, it functions, works

furiosa - furious *(feminine)*

furioso - furious *(masculine)*

futuro - future

ganó - s/he won

ganador - winner

ganar - to win

(que) gane - that/who wins

graduó - s/he graduated

había - there was; there were

hay - there is; there are

hábito - habit

hermana - sister

hermano(s) - brother(s)

historia - history; story

hola - hello, hi

honesta - honest *(feminine)*

honestidad - honesty

honesto - honest *(masculine)*

horrible(s) - horrible *(plural)*

horror - horror

hostil - hostile; angry

idea - idea

ignoró - s/he ignored

ignora - s/he ignores

ignoran - they ignore

ignórenlo - ignore him

ilustra - s/he, it illustrates, shows

(se) imagina - s/he imagines

impaciencia - impaciencia

impaciente - impatient

impacientemente - impatiently

importancia - importance

importante(s) - important *(plural)*

imposible - impossible

incompleto - incomplete

incorrecto - incorrect

inicia - s/he initiates

inmediatamente - immediately

inocente - innocent

inocentemente - innocently

insecto - insect

inspecciona - s/he inspects

instante - instant

instrucciones - instructions

insultándolo - insulting hiim

inteligencia - intelligence

inteligente(s) - intelligent *(plural)*

intenta - s/he intends, tries

interrumpe - s/he interrupts

inusual - unusual

inventó - s/he invented

investiga - s/he investigates

investigar - to investigate

irritada(s) - irritated *(feminine) (plural)*

irritado - irritated

irritante - irritant

juega - s/he plays

juegan - they play

juego - game

juegues - you play

jugó - s/he played

jugaba - s/he, I was playing; s/he played

jugando - playing

jugar - to play

julio - July

kínder - kindergarten

él - he

la(s) - the *(plural)*

le - (to) him/her

lección - lesson

león - lion

leones - lions

les - (to) them

llamó - s/he called

llama - s/he calls

llamaba - s/he was calling; s/he called

llamar - to call

llamarnos - to call us

lo - him; it

los - them

mí - me

mañana - tomorrow

mamá - mom

mas - more

me - me

menciona - s/he mentions

mensaje(s) - message(s)

mi - my

micrófono - microphone

minuto(s) - minute(s)

mira - s/he looks at

miran - they look at

mirando - looking at

mirar - to look at

misterioso - mysterious

momento - moment

más - more

mucha - much, a lot *(feminine)*

mucho - much, a lot *(masculine)*

muchos - much; many

muy - very

nada - nothing

natural(es) - natural *(plural)*

necesita - s/he needs

necesitas - you need

necesito - I need

negativa - negative

nervioso - nervous

ángel - angel

ni - neither

número - number

no - no

noté - I noted, noticed

notó - s/he noted, noticed

nota - s/he notes, notices

o - or

objeto - object

observa - s/he observes

obvio - obvious

ocurre - it occurs

oportunidad - opportunity

organizó - s/he organized

otra - other; another *(feminine)*

otro - other, another *(masculine)*

otros - others

papá - dad

para - to; for; in order to

participa - s/he participates

participante - participant

participar - to participate

(qué) pasa - what's going on?; what's happening

pensando - thinking

perfecto - perfect

permitido - permitted, allowed

pero - but

persona - person

piensa - s/he thinks

pienso - I think

planes - plans

pánico - panic

por - for

porfis - pretty please

porque - because

posible - possible

practica - s/he practices

prefería - s/he preferred

prefiere - s/he prefers

preguntó - s/he questioned, asked

pregunta - s/he questions, asks

preguntas - questions (noun)

preguntaste - you questioned, asked

prepara - s/he prepares

problem(s) - problema(s)

programa - program

promocionar - to promote

pronuncia - to pronounce

pronunciación - pronunciation

proteger - to protect

pum - boom

punto - point

qué - what

que - that

rancho - ranch

raro - rare; strange; weird

reaccionó - s/he reacted

reacciona - s/he reacts

realmente - really

recibir - to receive

remoto - remote

repetir - to repeat

repite - s/he repeats

requiere - s/he, it requires

responde - s/he responds

respondió - s/he responded

responsabilidad - responsibility

responsible - responsable

resulta en - it results in

ridículo - ridiculous

robé - I stole, robbed

robó - s/he stole, robbed

robar - to steal, rob

robaron - they stole, robbed

robaste - you stole, robbed

robo - robbery, theft

roja - red *(feminine)*

rojo - red *(masculine)*

roto - broken

rápidamente - rapidly, quickly

rápido - rapid, fast

sí - yes

salvar - to save

salvarlos - to save them

satisfacción - satisfaction

saz - zoom

se dice - s/he says to her/himself

se escapa - s/he escapes

se imagina - s/he imagines

se necesita cargar - it needs to be charged

se pregunta - s/he asks her/himself; s/he wonders

se prepara - s/he prepares her/himself

se va - s/he goes, leaves

se van - they go, leave

segundos - seconds

seleccionar - to select

serio - serious

si - if

silencio - silence

silenciosamente - silently

ni siquiera - (not) even

situación - situation

sofá - sofa

solamente - only

solo - only; alone

solución - solution

son - they are

sorprendida - surprised *(feminine)*

sorprendido - surprised *(masculine)*

soy - I am

súper - super

su - his/her

sus - your *(plural)*, their

tú - you (informal)

también - also, too

televisión - television

teléfono - telephone

tenía - s/he, I had

tener - to have

tengo - I have

terrible(s) - terrible *(plural)*

texto(s) - text(s)

tiene - s/he has

tienen - they have

tienes - you have

tira - s/he throws

(se) tira - s/he throws her/himself

tirar - to throw

tono - tone

triste - sad

tu - your *(informal)*

tu(s) - your *(plural, informal)*

uau - wow

uf - ugh!

un - a *(masculine)*

una - a *(feminine)*

unas - some *(feminine)*

unos - some *(masculine or masculine and feminine)*

urgente - urgent

usar - to use

uy - ugh; uh

va - s/he goes; s/he is going

vacaciones - vacation

vamos - we go

van - they go; they are going

verdad - truth

verdadero - true; real

versión - version

(otra) vez - again; (literally) another time

videojuegos - videogames

viene - s/he comes

vienen - they come

violento(s) - violent *(plural)*

voy - I go; I'm going

voz - voice

(en) voz alta - out loud; with a loud voice

y - and

yo - I

Glosario

yupi - yippee

zas - zoom

More compelling reads from...

Brandon Brown Series

Brandon Brown dice la verdad
Present Tense - 75 unique words

Brandon quickly discovers that not telling the truth can create big problems and a lot of stress! Will he win in the end, or will he decide that honesty is the best policy?   (Also available in French)

Brandon Brown quiere un perro
Present Tense - 103 unique words

Determined to get a dog, Brandon will do almost anything, but will he do everything it takes to keep one… a secret? (Also available in French, Italian, Latin, Chinese & German)

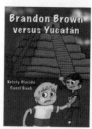

Brandon Brown versus Yucatán
Past & Present Tense - 140 unique words
(Two versions under one cover!)

In Mexico, bad decisions and careless mischief can bring much more trouble than a 12-year-old boy can handle alone. Will he and his new friend, outwit their parents? (Also available in French)

El nuevo Houdini
Past & Present Tense - 200 unique words
(Two versions under one cover!)

Brandon is dying to drive his father's T-bird while his parents are on vacation. Will he fool his parents and win the girl of his dreams in the process? (Also available in French & Russian)

Level 1

El Ekeko: Un misterio boliviano

Present Tense - 190 unique words

Paco is disappointed when his mother suggests that he replace his worn out shoes with his grandfather's old boots. He reluctantly goes to the closet and gradually realizes that the closet holds much more than his grandfather's old boots and a box of letters. Hidden among his grandfather's possessions is a gift that has potential to bring some startling surprises and unexpected consequences.

Frida Kahlo

Past Tense - 160 unique words

Frida Kahlo (1907-1954) is one of Mexico's greatest artists, a remarkable achievement for someone who spent most of her relatively short life wracked with pain. Frida expressed her pain through her art, producing some 143 paintings, 55 of which were self-portraits. To this day, she remains an icon of strength, courage and audacity. This brief biography provides a glimpse into her turbulent life and her symbolic art.

Bianca Nieves y los 7 toritos

Past Tense - 150 unique words

Bullfighting is a dangerous sport, and there is nothing more menacing than facing a raging bull in the middle of the ring. All eyes are on the great torero, 'El Julí,' as he faces off against the most ferocious bull in the land, but nobody, aside from his daughter, Bianca, seems to notice that his greatest threat walks on two legs, not four. In her attempt to warn and save her father, Bianca soon realizes that fighting an angry bull is much safer than battling greed and deception.

Level 1 *(cont'd)*

Piratas del Caribe y el mapa secreto
Present Tense - 180 unique words

The tumultuous, pirate-infested seas of the 1600's serve as the historical backdrop for this fictitious story of adventure, suspense and deception. Rumors of a secret map abound in the Caribbean, and Henry Morgan *(François Granmont, French version)* will stop at nothing to find it. (Also available in French)

Felipe Alou: Desde los valles a las montañas
Past Tense - 150 unique words

This is the true story of one of Major League Baseball's greatest players and managers, Felipe Rojas Alou. When Felipe left the Dominican Republic in 1955 to play professional baseball in the United States, he had no idea that making it to the 'Big League' would require much more than atheticism and talent. He soon discovers that language barriers, discrimination and a host of other obstacles would prove to be the most menacing threats to his success. (Also available in English & French; unique word count approximately 300.)

Esperanza
Present Tense, 1st person - 200 unique words

This is the true story of a family caught in the middle of political corruption during Guatemala's 36-year civil war. Tired of watching city workers endure countless human rights violations, Alberto organizes a union. When he and his co-workers go on strike, Alberto's family is added to the government's "extermination" list. The violent situation leaves Alberto separated from his family and forces them all to flee for their lives. Will their will to survive be enough to help them escape and reunite?

Piratas del Caribe y el Triángulo de las Bermudas

Past Tense - 280 unique words

When Tito and his father set sail from Florida to Maryland, they have no idea that their decision to pass through the Bermuda Triangle could completely change the course of their voyage, not to mention the course of their entire lives!

Noches misteriosas en Granada

Present Tense - Fewer than 300 unique words

Kevin leaves for a summer in Spain, and his life seems anything but perfect. He escapes into a book and enters a world of long-ago adventures. As the boundaries between his two worlds begin to blur, he discovers that nothing is as it appears...especially at night! (Also available in French)

Robo en la noche *(Prequel to Noche de Oro)*

Past & Present Tense - 380 unique words

Fifteen-year-old Makenna Parker had reservations about moving to Costa Rica, but didn't know that missing her home would be the least of her worries. She finds herself in the middle of an illegal scheme, and it's a race against time to save the treasured macaws. (Present tense version available in French)

Noche de oro

Past Tense - 290 unique words

Now a college student, Makenna Parker returns to Costa Rica as a volunteer and finds unexpected romance that lands her in the middle of a perilous scheme. Does Martín really have good intentions, and what are he and his stepfather up to? Will Makenna discover the truth before it's too late?'

NEW Level 2 Nonfiction

Vidas impactantes

Past tense - 250 unique words

Explore the fascinating stories of six influential and inspirational Spanish-speakers whose lives have been impactful. A baseball star who gave his life helping others, a Cuban exile turned superstar, a mother who never gave up the search for her missing son, a para-lyzed soccer star who fought his way to the top in a new profession, a woman who revealed the secrets of history, and a shift supervisor in a mine who didn't realize his shift would last 70 days! You may have heard of these impactful individuals, but after reading their stories you are sure to feel inspired.

Santana

Past tense - 210 unique words

Carlos Santana is a legendary Mexican American musician. He started out as a poor child in a tiny Mexican village and transformed himself into an icon of Rock 'n' Roll. His story illustrates the ups and downs inherent in any journey of success and the power of perseverance. Whether or not you are a fan of Santana, his story will leave you inspired!

Fiction

Problemas en Paraíso

Past Tense - 250 unique words

Victoria Andalucci and her 16-year-old son are enjoy-ing a fun-filled vacation in Mexico. A typical teenager, Tyler spends his days on the beach with the other teens from Club Chévere, while his mother at-tends a conference and explores Mexico. Her quest for adventure is definitely quenched, as she ventures out of the resort and finds herself alone and in a perilous fight for her life! Will anyone be able to save her?   (Also available in French)

La Llorona de Mazatlán
Past Tense - Fewer than 300 unique words

Laney Morales' dream of playing soccer in Mexico soon turns into a nightmare, as she discovers that the spine-chilling legends of old may actually be modern mysteries. Why does no one else seem to hear or see the weeping woman in the long white dress? Laney must stop the dreadful visits, even if it means coming face to face with…La Llorona.

Rebeldes de Tejas
Past Tense - Fewer than 280 unique words

When Mexican dictator, Santa Anna, discovers that thousands of U.S. citizens have spilled into the Mexican state of Texas and seized the Alamo, he is determined to expel or kill all of them. What will happen when Mexican Juan Seguín finds himself fighting for Texas and against his country's dictator?

Los Baker van a Perú
375 unique words
(Past & Present Tense - 2 versions under one cover!)
Are the Baker family's unfortunate mishaps brought on by bad luck or by the curse of the shrunken head? Join the Bakers as they travel through Peru and experience a host of cultural (mis)adventures that are full of fun, excitement and suspense!

La maldición de la cabeza reducida
375 unique words
Hailey and Jason think they have rid themselves of the cursed shrunken head now that they are back home from their family trip to Peru. Their relief quickly gives way to shock, as they realize that their ordeal has only just begun. Returning the head and appeasing the Jívaro tribe become a matter of life and death! Will Hailey and Jason beat the odds?

Level 3

Hasta la sepultura
Past tense - Fewer than 400 unique words

In 1500, Queen Isabella issued an official decree permanently closing the secret passageways that lie below the city of Salamanca... Nico and Adriana decided to explore them and it will prove more dangerous than either imagined. They discover that the legendary evil that lurks below Salamanca is not so mythical after all...

Vector
Past tense - Fewer than 400 unique words

A vector of venom infects Antonio, a Panamanian teenager, with an illness that has far-reaching consequences. He is transported back in time to work on the construction of the Panama Canal. Is his eerie displacement reversible or will he finish his life working on one of the most dangerous construction sites in history?

La hija del sastre
Past tense - Fewer than 500 unique words

Growing up in a Republican family during Franco's fascist rule of Spain, Emilia Matamoros discovers just how important keeping a secret can be! After her father, a former captain in the Republican army, goes into hiding, Emilia not only must work as a seamstress to support her family, she must work to guard a secret that will protect her father and save her family from certain death. Will her innocence be lost and will she succumb to the violent tactics of Franco's fascist regime?

Vida y muerte en La Mara Salvatrucha
Past tense - Fewer than 400 unique words

This compelling drama recounts life (and death) in one of the most violent and well-known gangs in Los Angeles, La Mara Salvatrucha 13. This is a gripping story of one gang member's struggle to find freedom.

La Calaca Alegre
Past tense - Fewer than 425 unique words

Does Carlos really suffer from post-traumatic stress disorder, or are his strange sensations and life-like nightmares much more real than anyone, including Carlos, believes? Determined to solve the mystery of his mother's disappearance, Carlos decides to return to Chicago to face his fears and find his mother, even if it means living out his nightmares in real life. As he uncovers the mystery, he discovers the truth is much more complex and evil than he ever imagined.

La Guerra Sucia
Past tense - Fewer than 600 unique words

American Journalist and single mother, Leslie Corrales travels to Argentina to investigate the suspicious disappearance of 'Raúl,' the son of Magdalena Casasnovas. When Leslie discovers that Raúl, along with 10's of thousands of other suspected dissidents, has suffered horrific atrocities at the hands of the Argentine government, she finds herself in a life-altering series of events. Will she escape with her life and with the information she needs to help the Argentine people?

About the Author

Carol Gaab has been teaching second languages since 1990, including Spanish for all grades/levels and ESL and Spanish for various Major League Baseball clubs, most notably directing the Spanish and ESL programs for the San Francisco Giants. She also provides teacher training workshops throughout the U.S. and abroad and edits materials for various authors/publishers. Carol has authored and co-authored Spanish curricula for elementary through upper levels, as well as numerous novels, including *Brandon Brown quiere un perro, Brandon Brown dice la verdad, Brandon Brown vs. Yucatán, El nuevo Houdini, Piratas del Caribe y el mapa secreto, Piratas del Caribe y el Triángulo de las Bermudas, Problemas en Paraíso, La hija del Sastre, Esperanza* and *Felipe Alou: Desde los valles a las montañas.*